谨以此书献给一直支持我的、最好的妻子——宝琳（Pauline）。

STUDY·SMART 新加坡
高效学习法

高效管理时间

[新加坡]张郁之 / 著·绘　廖丽 / 译

天地出版社　TIANDI PRESS

图书在版编目（CIP）数据

高效管理时间 /（新加坡）张郁之著绘；廖丽译. —成都：天地出版社，2024.4
（高效学习法）
ISBN 978-7-5455-7963-5

Ⅰ.①高… Ⅱ.①张…②廖… Ⅲ.①学习方法—青少年读物 Ⅳ.①G791-49

中国国家版本馆CIP数据核字（2023）第195249号

First published in Singapore by Armour Publishing.
The simplified Chinese translation rights arranged through Rightol Media
（本中文简体版权经由锐拓传媒旗下小锐取得Email:copyright@rightol.com）

著作权登记号　图进字：21-2017-467

GAOXIAO GUANLI SHIJIAN

高效管理时间

出 品 人	杨　政	责任校对	张思秋
总 策 划	陈　德	美术设计	霍笛文
著绘者	［新加坡］张郁之	排版制作	书情文化
译　者	廖　丽	营销编辑	魏　武
策划编辑	李婷婷	责任印制	刘　元　葛红梅
责任编辑	罗　艳		

出版发行　天地出版社
　　　　　（成都市锦江区三色路238号　邮政编码：610023）
　　　　　（北京市方庄芳群园3区3号　邮政编码：100078）
网　　址　http://www.tiandiph.com
电子邮箱　tianditg@163.com
总 经 销　新华文轩出版传媒股份有限公司

印　　刷　北京文昌阁彩色印刷有限责任公司
版　　次　2024年4月第1版
印　　次　2024年4月第1次印刷
开　　本　889mm×1194mm 1/32
印　　张　18.25
字　　数　370千字
定　　价　100.00元（全4册）
书　　号　ISBN 978-7-5455-7963-5

版权所有◆违者必究
咨询电话：（028）86361282（总编室）
购书热线：（010）67693207（市场部）

如有印装错误，请与本社联系调换。

目 录

001
前 言

003
导 读

005
第一章
脚踏实地，
戒掉完美主义

017
第二章
重塑心态，
拒绝自暴自弃

031
第三章
分解目标，
化解沉重压力

041
第四章
整理环境，
集中精力学习

049
第五章
尊重他人，
摆脱叛逆状态

059
第六章
直面恐惧，
对抗情绪压力

069
第七章
团结协作，
告别孤军奋战

077
第八章
劳逸结合，
整装再次出发

085
第九章
告别懒散，
走出"舒适区"

093
第十章
拒绝等待，
准备好就行动

099
第十一章
改变态度，
高效完成任务

109
第十二章
管理时间，
提高自控能力

119
第十三章
不再逃避，
敢于承担责任

129
后　记

131
参考书目

133
索　引

135
致　谢

前言

  首先,我要恭喜你翻开了这本书并花费时间来阅读它。这是一本有趣且实用性非常强的书。如果你一直有拖延症,正遭受着被我称为"Later-ritis"(总把事情拖到最后才做)的折磨,那么通过阅读这本书,你会发现自己迈出了克服拖延的第一步。

  非常荣幸能为这本书写前言。作为一名教师,郁之有着丰富的教学经验,他始终充满着激情,帮助许多学生在学习和生活中克服了拖延症,取得了成功。因此他写了这本有趣的书,用以帮助更多的青少年克服可怕的拖延症。

  作为一名教育工作者,我发现拖延症的确是成功的头号杀手——无关年龄和背景。当你知道你应该做些什么,却因为不想做而最终未能完成,这就是患上了拖延症。事实上,大多数人拖延都是因为有畏难情绪。

  在这本配有插图的书里,郁之与大家分享了大多数人拖延的13种原因,以及对应的可以帮助大家战胜惰性、走上成功之路的13种策略。我相信,只要你翻开了这本书你就会发现这本书的可贵之处，它可读性极强，阅读起来让人身心愉悦。希望你能跟我一样，受到书中观点的启迪，变得越来越好！

邱缘安

邱缘安学习技术集团有限公司执行总裁

《我是学习天才，你也是！》《主宰你的思想，设计你的命运》

《白手起家的百万富翁的秘密》《富豪投资者的秘密》等

畅销书作家

导读

　　首先，谢谢你选择这本书。

　　已不再年少的我，看到现在的青少年时总是会很着迷。我们必须承认，生活对于今天的青少年来说非常不易：学校课程、家庭作业、课题研究、课外活动、与父母和朋友的关系、财务问题等已经压得你们几乎无法喘息。但是为什么在有如此多事情需要处理的情况下，我仍然时常看到青少年在购物中心闲逛？难道他们是在逃避什么可怕的事情？

　　事实上，出现这种现象的主要原因是"拖延"——这是一个含义丰富的词语，简单来说就是延迟或推迟去解决问题。换句话说，如果一个人接受了一项任务，却没有立刻着手去做的话，那就是在拖延。

　　有时我们会因为拖延而自责，比如一直看电视而不去写作业。我们总是在不知不觉中，养成了拖延的习惯。我记得我在青少年时期也总喜欢拖延，无论让我做什么事，我总会一拖再拖，仿佛在等待某个"正确的时机"似的。你可以想象，有多少宝贵的时间被浪费在了拖延上!

　　你想知道为什么人们,尤其是青少年总是拖延吗?这就是本书出版的意义——本书配以漫画插图,以轻松活泼的方式探究青少年拖延的原因、表现的形式,以及如何有效解决拖延这个问题。这些方法和策略屡试不爽,一旦被广泛应用,相信会对许多青少年有所帮助。

　　手捧此书,你就迈出了战胜拖延症的第一步;读完此书,你会懂得如何让自己避免陷入拖延的陷阱。

　　旅程就要开始了,你准备好了吗?

　　不要拖延,从现在开始!

第一章

脚踏实地，戒掉完美主义

如果你总是将作业想象得比实际的难许多；

如果你常常为了更好地完成任务，花过多的时间与精力去做准备工作；

如果你总是对自己抱有过高的期望——

那么你会发现自己常常无法按时完成任务。这是因为你过于追求完美，而完美主义是导致拖延的一个重要原因。作者在本章中提供了一种可以帮助你戒掉完美主义的方法——务实性策略。想要提高效率，停止拖延的话，就赶快走进本章，看看作者介绍了哪些小窍门吧！

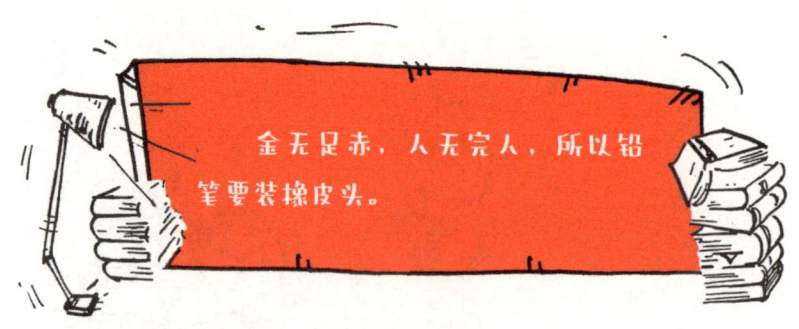

金无足赤，人无完人，所以铅笔要装橡皮头。

追求完美

"我希望它是我所有作品中最完美的一件……"

这句话听起来是不是很熟悉？

是的，大多数人在完成事情时都力求完美。无论是做作业、完成测试、进行体育运动或是完成其他任务时，我

完美实现目标！

第一章 脚踏实地，戒掉完美主义

们都希望能尽善尽美。我曾经也是一个完美主义者，少年时期的我做事总是心比天高。不过，请不要误会我的意思，追求完美本身是一种正面积极的态度，我只是想告诉大家，如果花太多时间去追求完美，我们很可能无法完成这件事。

"追求完美"与"努力做好"是两个截然不同的概念：努力做好永远不会错，但如果总是追求完美就有可能使自己陷入困境。以"尽力做得更好"为目标，显然比以"达到完美"为目标更为明智。毕竟"尽力做得更好"是可实现目标，而"完美"则很难达到。

过高的期望 ①

---

① 本书所有图片中的英文的释义，详见文末《索引》。

你知道为什么完美主义者往往会拖延吗？

因为他们给自己施加了巨大的压力！

因为期望过高，他们通常一开始做事情就感到焦虑。他们担心事情无法取得好的结果，焦虑于需要投入的巨大工作量，还焦虑于自己不能完成这个任务……事实上，他们有时会过度焦虑，以至于根本不想去开始执行任务！正是完美主义阻碍了他们在第一时间采取行动。

需要多长时间来准备？

你会花大量时间去为一项任务做准备吗？我曾经花了数小时来为我的作业查找各种资料，因为我总觉得资料准备得不够多，结果导致我一再延迟写作业的时间。如果当时我能停下来，认真地想一想，反问自己——

"到底怎样做才算真正的'准备充分'呢？"

自我反思

第一章 脚踏实地，戒掉完美主义

"是否需要将世界上所有的资料都研究一遍才能写出完美的文章？"

实际上，我们需要在适当的时间停止手头的准备工作，真正开始执行任务，否则，我们永远不可能完成它。虽然我们可以试着向老师解释，并提交我们的研究资料加以说明，但那并不怎么管用，因为不管怎么说，我们需要提交的是已经完成的作业和最终的成果。

有时候，我们花了太多时间去做准备工作，却忽略了事情本身。

提交研究资料

自己为难自己

完美主义者的另一个问题是,有时候(实际上是大多数时候)他们会让任务的难度远远超出实际。对于他们来说,完成课堂练习简直比愚公移山还难!这是因为过高的期望和过多的准备使任务变得艰巨了很多。

让我给你们讲个故事吧。有个学生名叫帕特里克,他是一个完美主义者。在一次课堂测验中,其中一道题的答案非常明显,可以说就明明白白地摆在他的面前。然而,

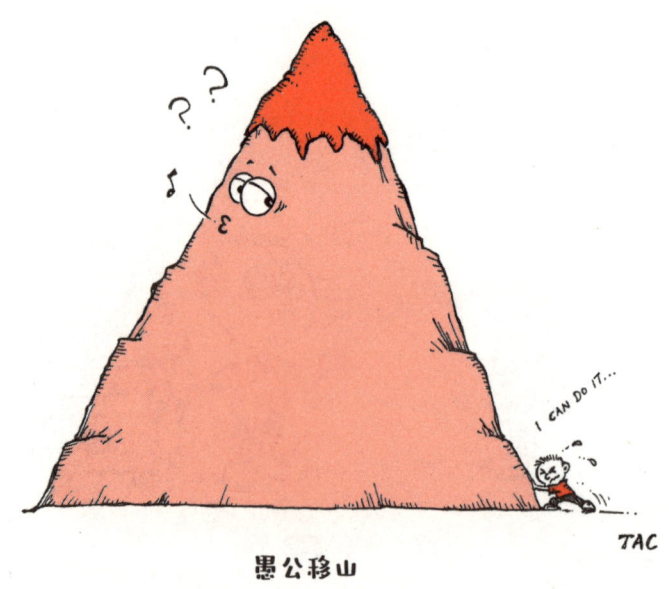

愚公移山

作为一个完美主义者，他不相信答案会那么简单。你猜他干了什么？他否定了眼前的答案，大费周章地想出了另一个他认为正确的答案。结果，他错了！

有时候，我们会觉得生活很无聊，想给自己寻找一些挑战。现在就有一个需要你接受的挑战，那就是：

请按时完成任务！

为什么不能更务实？

我曾经思考过用多种方法来解决完美主义带来的问题，我发现最好的办法就是采用"务实性策略"。我们可以采取以下四个步骤来克服完美主义心理：

其一，对完美主义保持足够的警觉。

如果不正视这个问题，务实性策略就不会奏效。首先我们要正视自己确实有过分追求完美的毛病。有了这样的认识，我们才能随时保持警觉，不让自己落入完美主义的陷阱。

其二，在纸上写下你认为可能因过分追求完美而带来的正面和负面影响。

将它们都写下来之后，我们就可以清晰地看到优缺点，在此基础上进行认真的思考，而不是随意想想就算了。例

如，我们可以列表记录：

正面影响	负面影响
例1： 如果我能交出一份完美的作品，就能得到 A。	例1： 如果我花太多时间去追求作品的完美，恐怕就不能按时完成它了。
例2：……	例2：……

写下来

第一章 脚踏实地，戒掉完美主义

根据列举出来的优缺点，我们可以总结出：想要做到完美很难，甚至根本就不可能。当然，这并不意味着我们就不用去努力上进、超越自我，而是应当就当前所处的形势，结合自己的长处和短处，以努力做得更好为主要目标，坚持不懈，看看最终能得到什么样的收获。

其三，允许自己犯错误。

完美主义带来的另一个负面影响是：我们无法容忍自己犯错误。但是，只要放开眼界，多加思索，我们就不难想到：连伟人都会犯错误，更何况我们呢！我坚信，即使是伟大的科学家爱因斯坦和牛顿，他们在生活中也有犯错误的时候。所以，犯错误并没有什么大不了。

允许犯错

一旦我们能接受自己的过失，我们就不会过分追求完美，也不会因此而焦虑，最终就能战胜拖延症。

其四，每天都为自己取得的小成绩喝彩。

你今天有没有取得什么成绩，无论大小？如果有，请拍拍手为自己喝彩："做得好！"当一天即将结束的时候，我们可以想想自己当天取得的成绩，以此来获得成就感，从而激励自己——我们虽然不完美，但也在不断进步！

瞧，现在你已经掌握了务实性策略，只要好好运用它，肯定能慢慢地解决完美主义带来的问题，从而在克服拖延症的道路上阔步前进。

试一试这种策略，不要对自己太苛刻，不要过分追求完美，只要尽自己最大的努力做得更好就行！

有人认为，我们应该在有限的时间里不停地改进方法，这样才能使任务完成得更好。但这并不是在任何情况下都行得通的，有时这样做可能会导致不良的后果。画蛇添足的故事相信大家都听说过。如果第一个画完蛇的人不沾沾自喜，给蛇添上脚，那么赢得比赛的人肯定是他，正是他的多此一举，让事情变得糟糕。

第一章 脚踏实地，戒掉完美主义

我们在完成任务时，将应该做的工作做好就行。请记住帕特里克的故事，如果他只是专注于解决问题本身，而不是画蛇添足地分析来分析去，他肯定会快速得出正确的答案。

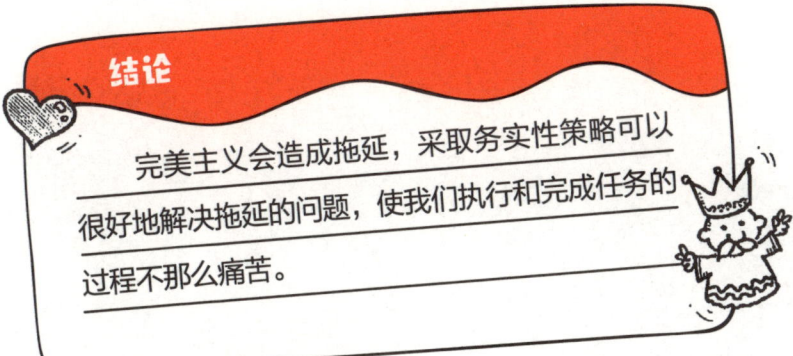

结论

完美主义会造成拖延，采取务实性策略可以很好地解决拖延的问题，使我们执行和完成任务的过程不那么痛苦。

戒掉完美主义

第二章

重塑心态,拒绝自暴自弃

你是否经常因为以下几种原因而中断手中的任务?

尝试了许多次都没办法解决遇到的难题;
打心底里缺乏完成任务的欲望和动力;
周围的人都不看好自己,常常故意说一些冷嘲热讽的话;
觉得任务太难了,很难完成。

如果你给出了肯定的答案,那就说明你应该设法重塑自己的心态了。在本章中,作者具体分析了人们自暴自弃的原因,并提供了解决办法,相信能帮助大家摆脱不良心态,获得追逐成功的动力。

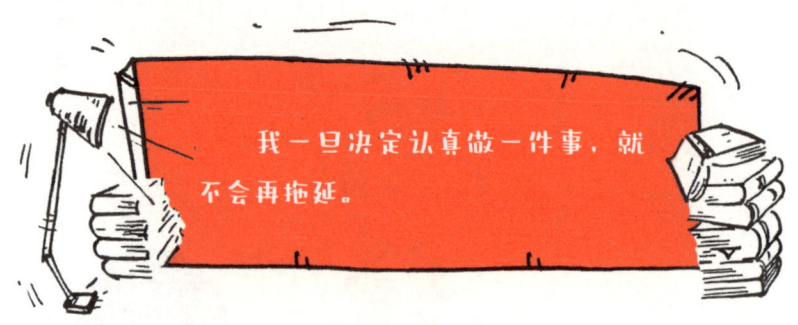

我一旦决定认真做一件事,就不会再拖延。

为什么自暴自弃?

缺乏意志力

面对应该完成的任务,你有没有想过放弃?

答案是肯定的,对吗?其实不止你一个人,有很多人,包括我在内,都有过这种经历。我们缺乏继续前进的意志力,因而导致拖延,甚至自暴自弃。具体说来,自暴自弃

缺乏意志力

第二章 重塑心态，拒绝自暴自弃

可能是因为：

1. 不断失败；

2. 缺乏欲望和动力；

3. 别人贬低你；

4. 困难太大。

当然，还有许多其他的因素，但大多数人自暴自弃的主要原因是遭受了太多的失败。

我们在生活中都会遭遇挫折和失败，这些不愉快的经历让我们不由得怀疑自己是否能够完成手中的任务。这其实完全可以理解。想象一下，如果一次又一次地考不及格，我相信任何人都会感到失望，可以选择的话，任谁也不想再参加考试了。我有一个朋友，驾照考试失败了很多次，

被拒绝

于是就再也没有考驾照的欲望了。据我所知，他到现在也没有拿到驾照。

我也一样。从考试成绩差到写作提纲被否定，你们正拿着的这本书也是反复修改多次才被认可。你们可以想象当初我失落的感觉有多强烈，但我还是坚持了下来，最终完成并出版了这本书。

失败太多次

失败是生活中不可避免的一部分。对你而言，在学校里，作业完成得不好、考试不及格可能是家常便饭；在家里，你也可能不如姐姐或哥哥聪明。有些失败会从正面影响你，因为它们能帮助你发现自己的不足，让你从失败中积累经验、得到教训，但是过多的失败会产生很大的负面影响，甚至击垮你强大的内心。

有时候，人们还会因为你失败次数太多而给你贴上标签，将你划入某个特定的类别。

被贴标签

社会学家霍华德·贝克首先提出了这个词：贴标签。被贴标签可能导致某个人被负面评价束缚住，无法挣脱，继

第二章 重塑心态，拒绝自暴自弃

被贴标签

而进入恶性循环。例如，如果汤姆被贴上了"骗子"的标签，他就会像"狼来了"故事里的男孩一样，很少有人再相信他。

有位朋友告诉我一个关于罗伯特的故事。罗伯特是一个学习成绩低于班级平均水平的学生。不管如何努力，他就是无法理解学习的内容，考试也考得一塌糊涂。即使老师用心地帮助他，他的成绩也无法提高。很快，罗伯特被同学和老师贴上了"失败者"的标签。更糟的是，他也为自己贴上了"无用之人"的标签，丧失自信心。这严重影响了他与朋友、父母的关系，他总是一个人待着。由于被贴上了负面标签，罗伯特就不可避免地习惯在做事时拖延。

被命运支配

有些人愿意听从命运的安排,他们觉得自己的生活已经被命运主宰,所以只能随波逐流。听从命运安排的人就像一艘失去了帆的船,缺乏推动事情更快更好进行的动力,只剩下拖延。

交给命运?

第二章　重塑心态，拒绝自暴自弃

积极地重塑心态

所谓重塑，指的是我们要以与以往不同的，比大多数时候都积极的心态去思考问题。

想要克服自暴自弃这种心理状态并不容易，需要我们改变对失败的看法，也就是重塑心态。有两种办法可以做到：一个是更改自己身上的标签，另一个是运用具象化的力量。

更改标签

自暴自弃的想法源于周围人的负面评价。对此，我们必须将心态调整得更加积极，做到自我感觉良好，这样就能让自己从负面评价中抽离出来。这种方法能让我们将失败的标签贴到任务身上，而不是自己身上。我们应该记住以下几点：

第一，没能成功的是付出的努力。

被"全世界"看不起

第二,被摒弃的是方法。

第三,令人失望的是结果。

重塑心态,我们关注的应该是失败这件事情,明确我们自己并不是失败者。

有人曾经告诉我:"全世界都可以看不起你,但你绝不能看不起自己。"没有人能轻视你,除非你允许他这样做。我们要对自己有信心,相信自己最终能够取得成功。

有了这些认识,我们再来揣摩前面提到的与罗伯特的事例有关的三点。如果罗伯特能明白被贴标签的对象

往好的方面看

第二章 重塑心态，拒绝自暴自弃

不是他，而是事情本身，他就会对自己更有信心，就能明白：只是这次的努力失败了，并不是他这个人失败。因此，他应该对结果感到失望，而不是对自己。

我们不应该让失败拖住我们前进的脚步，要以正面积极的态度看待失败并从中积累经验和教训。事实上，在生活中获得了较大成功的人都把教训作为重点学习内容，以便下次表现得更好。他们可能会质疑自己做事的方法不正确因而导致了失败，但他们从不怀疑自己的能力。

别让失败拖后腿

我想和你们分享这样一些人的故事，他们设法从失败中学习，继而在生活中取得了巨大的成就。

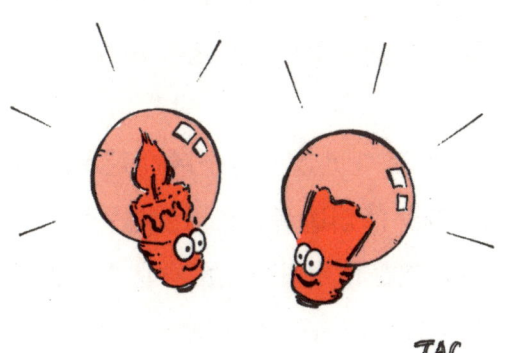

发明电灯泡

托马斯·爱迪生发明的电灯泡可不是一次试验就成功的，据说，他经历了上万次失败。《哈利·波特》的作者J.K.罗琳的第一份手稿被十多个出版商拒绝后才得到认可。功夫巨星成龙进军好莱坞并不是尝试一次就成功了，他参演的第一部美国电影《杀手壕》彻底失败。他当然很失望，但这并没有让他消沉下去。几年后，成龙重整旗鼓，参演的《尖峰时刻》和《西域威龙》两部影片都引起轰动，十分卖座。

所以，失败不应该成为拖延的借口。其实，失败可以激发我们的斗志，促使我们加倍努力，最终获得成功。

运用具象化的力量

具象化可以作为一种非常有用的工具来鼓励和激发我们的积极性。职业运动员就是这样做的，他们使用具象化已经有一段时间了。

1968年墨西哥奥运会男子跳高冠军迪克·福斯贝里（"背越式跳高"的创造者，目前背越式已经成为跳高的主要方式之一）就是使用具象化的方法来获得成功的。他想象着自己如何越过跳杆，并在思想上建立了自己的跳高模式，一遍又一遍地想象成功跳跃的过程。

第二章 重塑心态，拒绝自暴自弃

背越式跳高

重复想象的这个过程能让我们觉得自己确实这样做了，当我们具体执行任务时，它就不会像我们一开始认为的那么困难，因为在我们的心目中，这项任务已经完成过好几次了！这是一个有效克服拖延症的策略。

让我们来试着练习一下：想象你正在参加一场舞蹈面试或测试。你会怎么做呢？你走上舞台，向评委们致敬；接着随着音乐翩翩起舞。你感到自己表现得很好，每一个舞步都自然流畅；舞蹈结束，观众用欢呼声向你致意；你自信地鞠躬谢幕，离开舞台。

如果你一直重复想象这个过程，这些动作和步骤将被你的身体"记住"。更重要的是，你会因此更加自信，到真正面试或测试时你就不会紧张了，因为在你心里已经不是第一次表演这个舞蹈了！

因此，由上述几点可知，只要培养出一种积极的心态，做事情时你就不会存有过于消极的情绪了。即便结果不太理想，你至少学习、积累了一些知识和经验，这在成长过程中是一笔非常宝贵的财富！

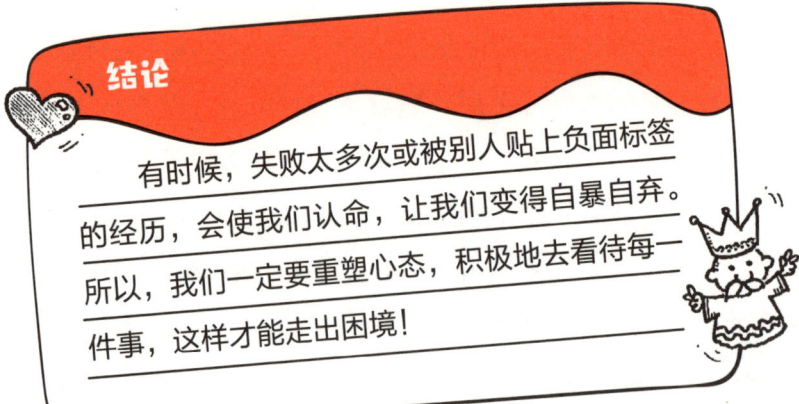

结论

有时候，失败太多次或被别人贴上负面标签的经历，会使我们认命，让我们变得自暴自弃。所以，我们一定要重塑心态，积极地去看待每一件事，这样才能走出困境！

第二章 重塑心态，拒绝自暴自弃

负负得正！

第三章

分解目标，化解沉重压力

　　课堂练习、家庭作业、课外活动、课外补习、复习安排甚至家务活……

　　每天有这么多的任务等待你去完成，你是不是觉得不堪重负、压力山大？

　　对此，作者特意在本章中给出了"一次一事""优先处理"两种简单实用易操作的解决方法。如何使用这些方法来化解沉重的压力、调整消极的状态呢？让我们一起进入本章去看一看吧！

> 一周中最忙的一天永远是明天。

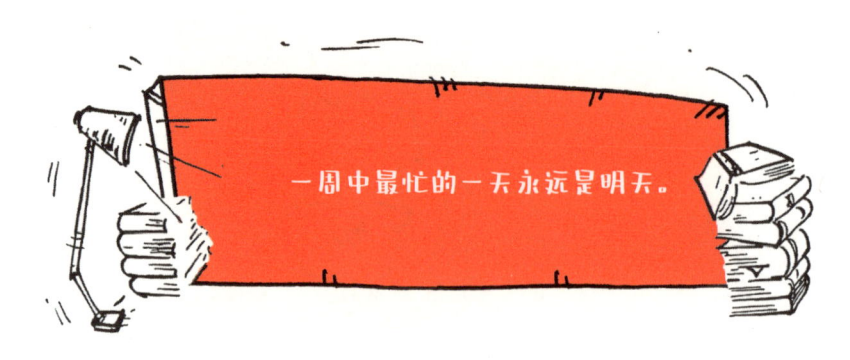

任务太多

让我们面对现实吧，我们需要完成的任务实在是太多了！现在的青少年不仅要完成课堂作业、家庭作业，一部分人还要分担家务活。我们就像一只只蜜蜂一样整天忙碌着：忙着学习，忙着工作。

尽管如今我已不再是少年，但我仍记得从前的情景：每天排满各种活动，绝大部分时间都累得喘不过气来。

事情多得令人绝望时，我们会变得麻木，不知

堆积如山的任务

道该做什么，因为不知道该从哪里着手。

该从哪里着手？

是的，我们有时会感到不堪重负，不知道该从哪里开始：该先做数学作业，还是下周要交的历史作业？这周五有地理测验，什么时候开始复习？摄影协会的面试什么时候准备？答应妈妈的家务活又什么时候做？……

这也是青少年拖延的原因之一。

不堪重负

时间不够用

另一个我们经常面临的问题是：事情太多，时间太少。如果每天用八小时睡觉、八小时上学，就还剩八小时让我们完成其余的事情。拖延和推迟完成任务，浪费的是非常宝贵的时间，而且这样做对我们来说是于事无补的，任务总得完成，不是吗？

让时间倒流　　　　　　TAC

你听说过帕金森定律吗？这是时间管理中的一个概念。

根据帕金森定律，只要还有时间，工作就会无限拖延，直到用完所有时间。所以，如果有一个任务需要明天完成，最有可能发生的情况是我们会在明天完成它。然而，如果

第三章 分解目标，化解沉重压力

这个任务的截止时间被调整至本月底，那极有可能我们在本月底才会完成它。

当我们有太多的时间来完成一个任务的时候，拖延症就会乘虚而入，完成任务的时间在不知不觉中就被延长了。

当有几个任务需要同时完成时会发生什么情况呢？当然，我们会遇到一些麻烦，尤其是所有任务的截止日期都相同时。

我对自己不得不同时完成两门学科的作业的经历记忆犹新：作为一个拖延症患者，我等到截止日期的前一天晚上9点才开始写作业，马不停蹄地写到第二天凌晨4点才写完。

毫无知觉

我只睡了两三个小时就去上学了，你能想象我在学校是如何度过这一天的吗？就像一只毫无知觉的动物！

拖延，不仅浪费时间，还会导致恶性循环，所以总有一些人说他们没有时间。

如何有效地化解压力？

分批次处理任务

如果我们总被过多的任务困扰，就需要制订一个计划来清除这些障碍。

有一个方法非常有效：将大任务分解成若干小任务，

一次一事　　TAC

第三章 分解目标，化解沉重压力

这样更易于完成。人们将这个方法命名为"切割法""腊肠法"或"生鱼片法"等，其实意思基本相同，可以概括为"一次一事"，即分批次地处理任务。

这种方法行之有效的秘诀就在于清楚地列出了小任务。

任务清单
1. 给朋友发邮件； 2. 完成家务活； 3. 给鱼喂食； 4. 完成数学作业； …………

我们应该确保列出的都是小任务，不需要花太多的时间和精力。完成一项就画掉一项，再开始下一项任务……这种方法会让我们感觉自己在不断成功，使我们内心不断产生动力，进而完成整个任务。

为了试试这个方法是否有效，我们以读完这本书为例吧！首先写下这本书十三个章节的标题，现在你正在阅读第三章，如果你没有跳跃着阅读，就意味着你已经读完了前两章，所以请画掉清单上的前两章。这并不难，对吧？

现在就去制作一张今天必须完成的任务清单吧！

积极地拖延

你可能会觉得奇怪,拖延还能有什么好处吗?其实,拖延并不总是负面的,事实上我们可以适当积极地拖延。我们能处理的任务量是有限的,即便多头并进,一天也只能做这么多。积极地拖延允许我们延迟完成不那么急迫的任务,把精力集中在更重要的任务上。换句话说,积极地拖延让我们可以按照任务的重要程度来优先处理一些事情。

只要学会了按照优先级别来完成任务,我们的生活就会更轻松。所以,根据重要程度给任务排序,找到迫在眉睫、需要首先完成的任务,从它着手,一件接着一件,有条不紊地完成所有任务。慢慢地,面对学习和工作,我们就能从容不迫了。

按重要程度排序

第三章 分解目标，化解沉重压力

> **结论**
>
> 当你感到不堪重负的时候，制订一个计划来调整这种消极的状态吧——将任务拆分成多个小任务并按轻重缓急对任务进行排序，然后"一次一事"地逐步完成它们。

战胜压力　　　　　　TAC

第四章

整理环境，集中精力学习

现在，请停下你手中的事情，仔细打量一下你的卧室：

书桌上是否堆满了书、纸以及其他学习用具？
书架上的书是不是摆得横七竖八？
你的床上是否正在演奏衣服、帽、袜、包的大合唱？
还有可怜的地板……

学生总以学习忙为借口逃避整理房间的工作，却不知凌乱的学习环境会导致低效、拖延。作者在本章中具体说明了环境对学习的重要性，并介绍了整理环境的有效办法及实用工具。快快进入本章，去了解一下如何打造良好的学习环境吧！

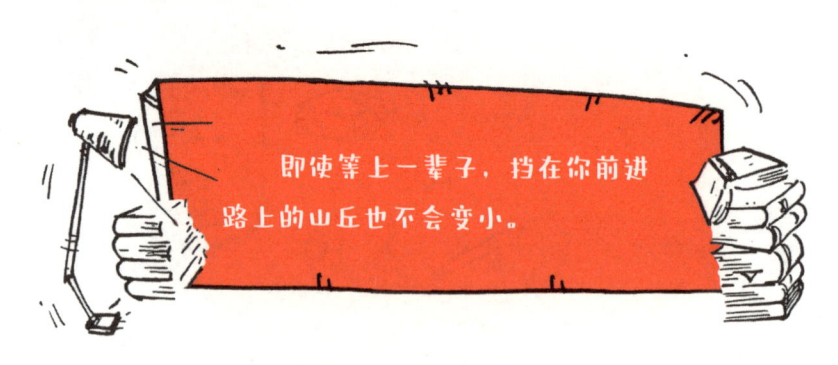

> 即使等上一辈子，挡在你前进路上的山丘也不会变小。

凌乱不堪的环境

观察一下你的房间和面前的书桌，你看到了什么？如果看到的是一间收拾得整齐干净的房间和一张物品摆放井然有序的书桌，你就没有理由拖延。但是，你的房间不会永远这样整洁有序，大多数时候，你的书桌上会杂乱地堆满书籍和纸张，而且你会发现它们越堆越高。因此，杂乱的书桌和房间就

书桌在哪儿？

第四章 整理环境，集中精力学习

是导致你拖延的一个重要因素。

我见过一类人，他们认为自己"在杂乱中学习才更有成效"，但重点是，在极端情况下，如果你连你的桌面都找不到，还怎么学习？还有，请不要在床上学习，因为你我都知道接下来会发生什么——你会很快败给"Z怪物"，然后被它带进"美梦乐园"！

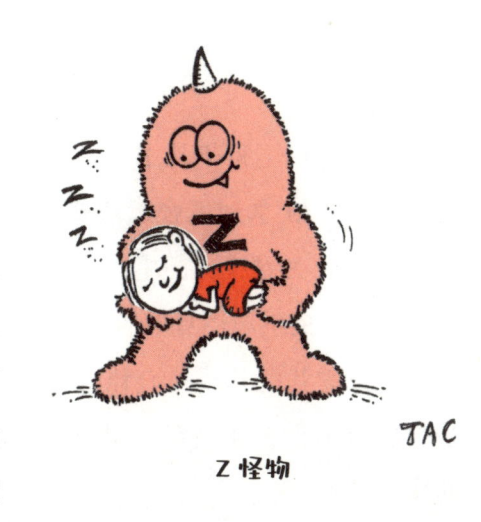

我也有过"没收拾"的毛病。我的书桌上总是堆满了书本，我的床却很整洁，总是深情地呼唤着我。那么我是怎么做的呢？我直接把所有的书本转移到床上，这样我就能在桌上好好工作，而床对我而言，也没那么有诱惑力了。

除了没收拾，还有其他事情影响你吗？你所处的环境是否舒适、有益(提醒你，不能太舒适了，否则会促成你与Z怪物的约会)？你的书房采光好吗？房间里有分散你注意力的东西吗？比如味道、声音……

所有的因素都有可能直接动摇你开始做事的决心。

它们在哪儿？

有时候你不得不从书桌前的座椅上站起来，走到书架旁取纸张？在拿到纸张返回座位时，你会发现笔不见了，然后你四处去寻找你的笔。找到了笔，又会发生什么呢？你会发现你的学习用具中的某一件东西又不见了……

类似的状况几乎一直伴随着我的学习和生活。每次都是来回折腾很久才搞定一切。每每这时，我自己也总感觉筋疲力尽了。

当书桌上没有我们需要的学习用具，我们不得不来回寻找时，这不仅浪费了宝贵的时间，同时也导致了拖延。因为寻找学习用具可能会让我们分心，例如，我们也许会在寻找学习用具时，偶遇自己最喜欢的一张卡片或一本特殊的年鉴，然后注意力不知不觉就转向它们。这不仅占用了宝贵的时间，而且按照这种速

在哪儿呢？

度，我们很难开始做正事，更不用说完成它了！

如何打造良好的学习环境？

安排有序

所谓整理，指的是将东西（包括有形的和无形的）安排得井然有序。

是的，这是一个非常简单的，能治好"没收拾"的毛病的策略。我们要做的就是整理！整理凌乱的桌面，整理卧室里扔得乱七八糟的杂物，厘清头脑里的思路。

整理环境

清理杂物

我们应该定期清理书桌上的杂物，确保所有的文具都归位了，并且扔掉没用的纸张以及用不上或已损坏的文具。让垃圾桶成为我们的朋友吧，把它放在书桌旁边，这样我们就可以随时扔掉垃圾。但要经常清空垃圾桶，否则桌面干净整洁了，但周围可就"难逃一劫"了！

也许你会觉得这说起来容易做起来难，但你可以使用我在前一章中推荐的策略。还记得第三章中提到的"一次一事"法吗？我们也可以用它来清理桌面。

如果桌子上很乱，我们就来列出清理清单吧！

下面是这类清单的示例：

第四章 整理环境，集中精力学习

待办事项（清理桌面）

1. 清理书本；
2. 归类文件；
3. 扔掉无用的纸张；
4. 拿走其他影响桌面整洁的杂物。

　　如果我们严格按照清单来整理桌面，在不知不觉中，桌面就从混乱中被解放出来了！

　　现在，桌面整洁了，我们还要确保学习用具齐全。我们需要提前购买一些合适的文具及文具收纳用品，并把这些买来的学习用品放在手边，而不是放在其他地方。相信大家都不想花时间和它们玩捉迷藏吧！

捉迷藏　　　TAC

结论

当我们不能集中注意力时，试试这么做——整理学习环境。花点时间、用些心思好好整理一下我们的书桌和房间吧！

整理环境

第五章

尊重他人，摆脱叛逆状态

作为一名学生，你是否有过如下的感受？

没有一个人在认真听自己讲话；
总是被父母看作没长大的孩子，连自己的事情也没有做主的权利；
老师布置了太多的家庭作业，一点也不体谅学生的辛苦……

请不要觉得孤独，也不要因此而叛逆，因为你的同龄人大多也被这些问题困扰着。为了帮助大家战胜叛逆，调整好状态，作者介绍了三种对抗情绪压力的好方法。想要具体了解的小读者，就请进入本章去看一看吧！

> 拖延是葬送机会的坟墓。

不被理解

"你不懂我!"

我年轻时觉得全世界的人都不理解我,你是否也有过这样的感受?你是否觉得没人在认真听你说话,没人明白你说了什么?你总是被大人们当成小孩子呼来唤去,他们会不停地告诉你应该做什么、怎么做。好吧,不只是你,大多数青少年都有过这样的感受。下面一页中记录的就是他们认为别人对自己的了解程度。

没人理解我!

别猜了，上一页并不是使用隐形墨水来印刷的……它就是空白的。没错，它形象地表现了青少年认为根本没有人懂他们：父母不懂他们，老师不懂他们，朋友不懂他们，整个世界都不懂他们！

没人懂我

产生愤怒情绪

一旦觉得没人理解自己，青少年的内心往往会产生愤怒的情绪。愤怒是人们形成叛逆心理的一个原因，它会导致人们与他们不喜欢的人对立，而表达不喜欢的方式之一就是拖延交给他们的任务。拖延，就是他们发出的叛逆信号。有时候，这种愤怒会变得非常强烈，以至于他们根本不想去执行这项任务，这种情况比拖延还要糟。

第五章 尊重他人，摆脱叛逆状态

急躁易怒　　　　TAC

如果长时间处于这种愤怒的状态，他们不仅会伤害到别人，也会伤害到自己。他们会变成一个性子急躁的人，很容易在生活和学习中感到沮丧。

别人会来做的

有时候，当我们因为叛逆而拖延时，一些紧急的任务就会由其他人完成，于是我们就躲过了这些任务。比如，

让别人来做　　　　TAC

国王般的待遇　　TAC

当你拒绝把杯子拿到厨房去洗时，你父母很可能会叫你弟弟或妹妹去做。如此一来，叛逆好像可以让你享受到国王或王后般的待遇，你不想做的事情都会有人替你做！

你也许会认为这是一件美妙的事情，但要小心，这样的想法有很大的风险——可能会令你与兄弟姐妹、父母及朋友的关系变得紧张。你希望发生这样的事情吗？

如何摆脱叛逆状态？

尊重他人

想要摆脱叛逆这种不良的状态，有个不错的办法，就是学会尊重他人。

第五章 尊重他人，摆脱叛逆状态

应该如何做呢？我们来玩一个"顾及后果"的游戏吧。这个游戏需要我们对面临的处境做出判断并推测出后果。

例如，大多数人认为母亲爱唠叨（妈妈，对不起！），觉得那就是自己拖延的原因之一。那假设一下，让母亲暂时离开我们的生活，我们的生活状态会大大改善吗？我们周围的确没有人唠叨了，但是生活的其他方面会发生什么变化呢？还有人随时对我们嘘寒问暖、给我们做最爱吃的菜肴、分享我们的快乐和笑声吗？也许会有别的人出现，但我确信那是完全不一样的感觉。

如果能想象一下，某个人以后将不在我们身边的情景，我们就会意识到那个人的重要性，明白他/她对我们到底意味着什么，我们就能够珍惜他们，并尊重他们。

及时表达感谢

我们应该明白，因为父母的辛勤工作，我们才可以享用餐桌上的食物，才可以买自己想要的笔记本电脑。所以，请感恩他们的辛苦付出和无私的爱。

我们应该明白，有了老师的辛勤耕耘和奉献，我们才能茁壮成长。他们的生活阅历远比我们丰富，所以，他们知道受教育和努力学习在当今社会中的重要性，才会对我们严格要求。要理解老师给我们布置课堂练习和家庭作业的苦心。我们只须完成自己的那一份，而他们却必须批改全班所有人的作业。

我们应该明白，朋友是一直陪在我们身边的人，请珍惜与他们的友谊。通常，当我们遇到困难时，他们都是值得信赖的人，会给予我们精神上的支持。

我们应该明白，兄弟姐妹是和我们共同成长、相伴一生的人。所以，请和他们分享欢声笑语，不要让争吵影响了我们与他们之间的血脉亲情。

米奇·阿尔博姆有一本书叫作《一日重生》，讲述了美国职业棒球大联盟已退役球员查尔斯·贝奈特在落魄惨淡之际见到亡母的灵魂，因此想起一幕幕往事的故事。查尔斯回忆起他当初是如何不尊重母亲，总是理所当然地索取的。通常，许多人都意识不到父母为了让我们的童年充满爱和欢笑做出了多大的牺牲，我们没想过回头去看、去感谢

尊重他人

第五章　尊重他人，摆脱叛逆状态

他们为我们做的无数件"小事"。

所以，请不要总想着从明天开始，现在就去向他们表达你的敬意与爱意吧！

尊重自己

在尊重别人的同时，请不要忘了尊重自己。我们和别人一样，值得被尊重。但要明白一点：尊重是需要我们付出努力，通过思想行为等方面的考验才能赢得的，而不是象征性地得到一句敷衍的赞语就好。所以，请审视自己的习惯和行为，如果表现得有教养，别人自然就会给予我们应有的尊重。

尊重自己

057

一旦有了积极正确的心态，无论面对什么事情，我们都能更好地应对，轻松克服拖延的习惯。

结论

请记住，叛逆会导致拖延。我们应当积极主动地调整自己的状态，并尊重他人，感谢他们为我们所做的一切；也要尊重自己，用行动来向所有人证明你值得被尊重！

赢得尊重！

第六章

TAC

直面恐惧，对抗情绪压力

有人幼年时被狗咬伤，所以害怕狗；
有人曾被烫伤，所以对沸水有恐惧感；
有人害怕黑暗，所以房间里必须一直亮着灯；
有人害怕自己考不好，所以逃避考试……

几乎每个人都有恐惧、不敢面对的事物，这种心理是很正常的，只要能找出恐惧的原因，我们就能想办法战胜它们。本章中介绍了有效的方法来帮助学生直面恐惧、化解压力，若你有需要，可以跟随作者的指导调整心态，提升自己的抗压能力。

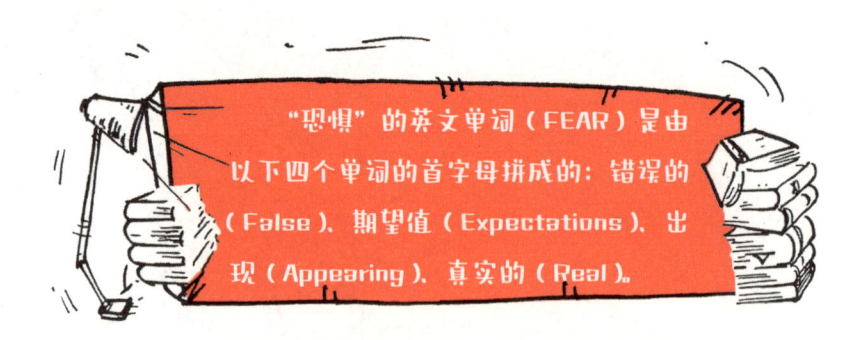

> "恐惧"的英文单词（FEAR）是由以下四个单词的首字母拼成的：错误的（False）、期望值（Expectations）、出现（Appearing）、真实的（Real）。

"不确定"导致恐惧

当不确定将要面对的任务意味着什么时，我们就会拖延。这完全是正常的。如果你只是一名攀岩初学者，你的

攀岩？

第六章 直面恐惧，对抗情绪压力

教练却通知你去参加一项全国性的攀岩比赛，你一定会觉得不可思议吧？不管你是否这样认为，反正我会觉得难以置信。

你不知道自己是否能胜任这项任务，因为你没有接受过系统训练，极有可能不仅无法取得名次，还会受伤。

所以，任务的不确定性会让我们不安、畏难，从而导致拖延。

我们在恐惧什么？

我们可能惧怕很多东西，而这些恐惧可能是在我们小

怕狗　　TAC

时候就形成的。比如，有些人因为童年时有被狗咬伤的经历而怕狗；有些人经历烫伤后可能会对沸水有恐惧感。我过去害怕黑暗，所以总是让房间亮着灯。

因此，对某事有恐惧感，要完成与之相关的任务就容易导致我们拖延。

恐高、怕水！

我们可能会产生的恐惧包括：
· 害怕考试——总是考不好或担心考不好。
· 害怕不完美——太理想主义。
· 害怕未知——对未知的事情没有安全感。

第六章 直面恐惧，对抗情绪压力

・害怕出错或做出错误的决定——无法承受错误带来的后果。

・害怕变化——可能会受到变化带来的威胁。

・害怕成功——成功后我们可能需要背负更高的期望。

・害怕被拒绝——被拒绝会让人承受难以言说的痛苦。

实际上，有太多的恐惧心理会导致我们拖延，在此我没法全写出来，否则，这本书会变成一本关于恐惧心理的书——"恐怖小说"。

上面的内容只是想让大家明白，有恐惧心理是很正常的，但是如果恐惧成了我们前进途中的障碍就不正常了。

我认识一个叫安吉的女孩，她最怕的事情就是课堂测验和考试，只要临近考试她就会紧张。后来，她的这种恐惧心理发展成了心理障碍，严重到让她想以逃学的方式来躲避考试。

我的第一本漫画书

给大家讲一讲我在报刊上发表首部漫画作品的经历。我坚持涂鸦多年，一直希望自己的漫画能够发表。但是由于害怕被拒绝，我一直不敢投稿。这种生怕结果不理想的

害怕被拒绝

心理导致我拖延了太长的时间。预感就是如此准确，当我终于鼓起勇气寄出我的漫画后，我果真被拒绝了。当时我简直感觉五雷轰顶，所以时隔很久，我才鼓起勇气再次投稿……所幸，我最终还是成功了！

如何直面恐惧？

我们首先必须坦然面对自己担忧、恐惧的情绪，然后采取相应的行动。不过，对大多数人来说，意识到担忧和恐惧是一回事，是否敢于采取行动又是另一回事。

在这里，我想给大家推荐平复担忧和恐惧情绪的两步法，它是由《拖延者手册》的作者丽塔·埃米特提出的。

第六章 直面恐惧,对抗情绪压力

直面恐惧

TAC

这个方法包含了两个值得我们思考的问题。

第一个问题:我在怕什么?

问自己这个问题,就是想明确到底是什么因素困扰着我们。问题明确了,它就变得不那么神秘可怕了,我们就可以更真实地了解并直接面对它。

第二个问题:如果你最惧怕的事情发生了,怎么办?

如果最害怕的事情发生了,毫无疑问,我们会受到伤害,会觉得尴尬或痛苦。我们还能生存下去吗?相信在大多数情况下,这个问题的答案都是肯定的。体验恐惧的经历,会让我们收获成长,变得更强大。

这个方法非常有用,我在这里强烈推荐给大家。身陷困境中的青少年可以试试此法，相信会有所收获。

肯定自己

自我肯定，是指我们自己告诉自己一些简短积极的话。如果我们经常自我肯定，我们就能拥有足够的自信，我们的思维方式也将会被重塑。因为，自我肯定能让有用积极的想法取代无益消极的想法，让我们的思想和行为转到正确的轨道上来。经常进行自我肯定，积极的思想就会占据

肯定自己

第六章 直面恐惧，对抗情绪压力

我们的大脑。在开始执行一项特定任务之前，告诉自己已经做好了充分的准备，并有足够的把握去完成它，我们就会立即采取行动，不拖延。

你有没有注意到，一些运动员总爱在赛场上喃喃自语？其实他们是在肯定自己，以便在精神上做好迎战对手的准备。

自我肯定很容易做到，不过需要注意以下因素：

第一，话语必须简短。

这很有道理。太长的句子，谁记得住啊？

第二，必须是正面积极的句子。

这是理所当然的。消极的话语绝对是禁忌。

第三，必须用现在时态。

这很重要。谁会不断提醒自己过去了不起，而不是现在也能行呢？

以下是一些自我肯定常用的句子：

- 我觉得我有能力去做这件事。
- 我觉得自己内心强大、做事专注。
- 我已经准备好了，很想去执行任务。
- 我喜欢在学习中挑战的感觉！
- 我什么都不怕。

尝试想一些适合自己的自我肯定的语句并随时重复它们，让它们赋予你更多力量吧！

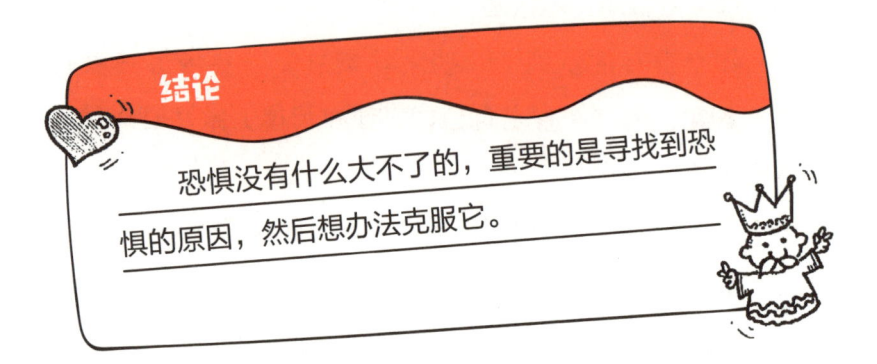

结论

恐惧没有什么大不了的，重要的是寻找到恐惧的原因，然后想办法克服它。

直面恐惧

第七章

团结协作，告别孤军奋战

压力测试：请在下列选项中选出你现有的症状：

经常感觉疲惫；
容易失眠或常常从噩梦中惊醒；
注意力不容易集中，许多事情一时想不起来；
常因一点小事而烦躁不安；
食欲不振或消化不良……

如果你选择了两项及以上，就说明你正承受着不小的压力。压力容易导致拖延，如果我们必须独自面对这些压力，结果肯定更糟糕。那么，如何做才能避免出现这种情况呢？一起进入本章，看看作者是如何为学生支招的吧！

> 如果我们不能成就伟业,那至少要尽力将小事情做好。

为什么要独自面对?

在完成任务的过程中,你是否偶尔会感觉孤立无援?你是否有过一种"独自与全世界对抗"的无助感?

你的房间很乱,需要自己动手清理;家庭作业很难,你不知道如何下手;眼看就要考试了,可你完全没头绪,不知如何安排复习……等待你去完成的事情实在太多了。

独自与全世界对抗

第七章 团结协作，告别孤军奋战

面对它们，你是否会觉得自己身如小小的蚂蚁，肩上却扛着整个世界？如果你有这样的想法，那么你正背负着巨大的压力。

压力测试

你有以下症状吗？请在每一个选项后面选择"是"或"否"：

症　状	是	否
疲　劳		
失　眠		
幻　觉		
噩　梦		
神经质、易受惊吓		
短暂失忆、注意力涣散		
沮　丧		
易　怒		
食欲不振		
肠胃不适、消化不良		

如果你有两项或两项以上选择了"是",那说明你正承受着压力。

肩负厚望

"为什么你的成绩不如琳达?"
"为什么你没有加入学校的合唱团?"
"为什么你不能和哥哥一样能干?"
"为什么你没被选中去参加运动会的赛事?"
…………

是啊,到底为什么呢?为什么我们不能做到尽善尽

过高的期望

第七章 团结协作，告别孤军奋战

美？人们对我们的要求和期望很高，每个人都在谈论接受良好教育以及追求卓越的重要性，每个人都被认为能做得更好。这些要求和期望，有的来自父母，有的来自我们自己。背负如此高的期望，难怪我们会觉得承受着巨大的压力。

压力往往导致拖延，因为需要担心的事情太多，再加上必须独立面对，我们就会感到自己渺小而脆弱，甚至更糟。

寻求帮助，协同增效

所谓协同增效，指的是使两个或两个以上的个体相互作用，产生效应。这样合作得来的综合效应会大于个体努力的效应。

寻求朋友的帮助，能够让我们缓解独自面对问题时的绝望和无助情绪。与朋友聚在一起时，那种富于创造和充满动力的能量可以帮助我们战胜拖延，所以人们常说，三个臭皮匠，顶个诸葛亮。

寻求帮助

小组学习

　　学习的时候，寻找一个或几个学习伙伴，可以使我们的学习氛围更加轻松愉悦，让我们更容易掌握知识。就个人而言，要整理、总结堆成小山的学习笔记很难，如果和伙伴们一起分担这些任务，每个人负责完成一部分——梳理、归纳，尽力做到最好，最后，所有人的劳动成果汇总一处，大家就都能高效地使用这些笔记来复习了。

　　或许有些人习惯独立学习，但在长时间的学习之后与

分担任务

第七章 团结协作，告别孤军奋战

朋友一起放松一下也是不错的。大家可以一起吃饭、聊天，分享复习心得，共享重难点问题以及答案，还能互相加油打气，共同进步。

我还记得自己在学生时代是如何进行考前复习的。我有一个学习伙伴，是我的同班同学。我们互相鼓励，彼此督促，共同进步，甚至在考试当天还相互提醒，确保两人不会因为睡过头而错过考试。就这样，经过坚持不懈的共同努力，我们都顺利地通过了考试。

团队协作

迈克尔·乔丹在芝加哥公牛队时，也是克服了重重困难才实现了自己的 NBA 梦想。并且，这也并非完全依靠他个人的能力，更重要的是靠整个团队的努力。在他职业生涯的早期，每个人都认为他完全可以靠个人的能力使芝加哥队获得冠军，但是，他很快发现，没有其他球员的协同作战，无法实现这个目标。后来，在与队友们的默契配合下，迈克尔·乔丹的能力在比赛中得到淋漓尽致地发挥，他先后为芝加哥公牛队赢得六次 NBA 总冠军，立下了汗马功劳！

结论

有时候，我们拖延是因为孤单、缺少支持或动力。谁说凡事我们都得独自面对？朋友永远是我们的坚强后盾，和他们一起努力，共同进步吧！

协同增效

第八章

劳逸结合，整装再次出发

作为一名学生，你是否有过这样的经历：

晚餐后本打算继续学习，可坐在书桌前没多久就打起了瞌睡……

之所以如此，是因为经过一整天的学习，我们的身心都感觉很疲倦，需要放松。

那么，如何做才能得到真正有效的放松呢？作者在本章中独创性地提出了"3T法"——暂停、告知、行动。它能帮助我们缓解疲劳，快速恢复学习状态。想要掌握这种既实用又有效的方法吗？一起去看看下面是如何具体介绍的吧！

> 说起来容易，做起来难。

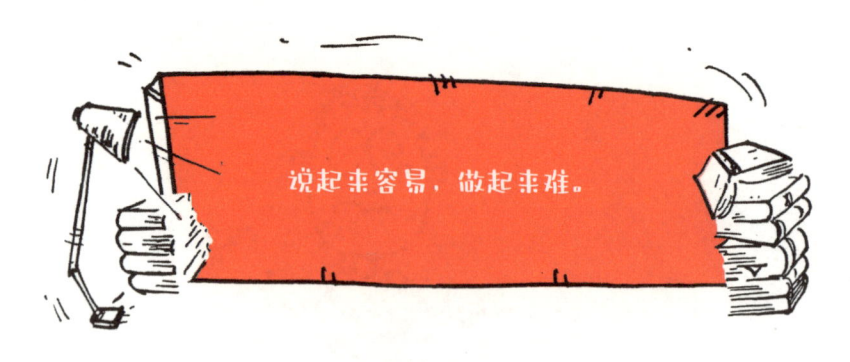

疲惫不堪

结束了一整天的工作、学习或玩耍之后，我们会感到疲倦，只想躺下休息和放松。如果此时得不到足够的休息，身体的疲乏感就不会消失。

想象一下整天忙得连喘息的时间都没有的情景吧。如果你做过兼职服务员，你肯定有过这样的感受：结束一天

服务员

第八章 劳逸结合，整装再次出发

的工作后，由于整天站立，你会感觉脚疼甚至浑身酸痛，没有一丝精力去做别的事情，只想休息、小睡片刻。

无法集中注意力

你是否有过这样的经历：本想傍晚放学回家后继续学习，结果却不自觉地坐在书桌前打起了瞌睡？你的头低垂着，贴着书页，父母远远看过来，还以为你正埋头苦读呢！

实际上，如果我们专注于一件事情太久的话，精力和注意力就会跟不上。研究表明，人们的注意力最为集中的

精疲力尽　　　　　　TAC

时间通常是一个小时，之后就会逐步下降。当然，有些人注意力特别集中的时长可能还不到一个小时。

当感到心力交瘁时，我们会发现自己没有动力和能量去干别的事情，唯一想去做的事就是睡觉。

厌倦一切

有时候我们的身体其实并不累，但是也感觉对一切都很厌倦，提不起兴趣，仿佛连迈出一步的动力都没有。在这种情况下，我们需要采取其他的策略来激励自己，如第二章中提到的，通过具象化来重塑我们的思维方式，调整

厌倦一切

第八章 劳逸结合，整装再次出发

拖延状态，以更加积极的心态去应对。

缓解疲劳的有效方法

暂停（Take a break）——好好休息一下。
告知（Tell the world）——做出承诺，并告知身边的人。
行动（Take action）——行动起来，践行承诺。

这就是我推荐的用于缓解疲劳的方法——"3T法"。这是一种既实用又有效的方法，能够让我们在消除疲劳后，快速进入学习或工作状态。

3T法具体由以下三个部分组成，我们一起来看看吧！

暂停一下

感觉累了的时候，合理的做法就是暂停一下：去休息，小睡片刻。15~30分钟的休息时间，可以帮助我们清除杂念，让大脑得到彻底的放松。

休息后，我们的反应会更加灵敏，我们的身体能准备得更充分，以便去完成下一个任务。特别是对体力有要求的任务，做好充分的事前准备非常重要，否则，我们可能因为一时的疏忽而受伤。

告知旁人

在充分休息之后,一定要告知旁人,你已经为需要完成的任务做好了准备,最好大声地说出来。

大声做出承诺

如果你有一件事要在明天之前完成,就告诉身边的人,你会按时甚至提前完成这个任务。这样,相当于你做出了一个众所周知的承诺。一言既出,驷马难追,如果不能信守承诺,你的信誉就会受损。这就给了你足够的理由和动力去立即行动并全力完成这件事。

第八章 劳逸结合，整装再次出发

立即行动

将承诺告知身边的所有人之后，接下来就该开始行动了。我们都知道，没有任何一个承诺光靠说就能兑现，还得靠具体的行动。

付诸行动

我有个学生叫彼得，他很聪明，是一个"口头承诺型"学生——时常做出很多承诺。他制订了很多计划，比如怎样提高学习成绩，也会列出实现计划的关键步骤，但他从来没有真正去实施过。在做出承诺、绘出蓝图以后，他就安心了，似乎对他来说，任务已经完成了。所以，他做出的承诺，从没真正实现过。

我们必须明白，如果不能信守承诺并付诸行动，制订再多的计划、做出再多的承诺也无济于事。

我承诺……

结论

如果感觉累了，就暂停，休息一下，这是理所当然的。但请记住，休息是为下一阶段的工作做好准备，充分休息后，一定要告知身边的人你的行动计划，并且立刻付诸行动。

$$T + T + T = 3T$$

3T 法

第九章

TAC

告别懒散，走出"舒适区"

　　优等生取得好成绩的原因也许各不相同，而学困生成绩差的理由几乎是同一个——懒散。

　　长时间困于无目标、无作为的消极状态便会渐渐养成懒散的坏习惯，如果缺乏方法指导，可以说很难改掉懒散的恶习。

　　为了帮助学生脱离困境，本章中提供了"走出舒适区""适当奖励自己"等直击问题本源的解决办法。想要逆袭成为优等生的读者，赶紧进入本章，去掌握这个新技能吧！

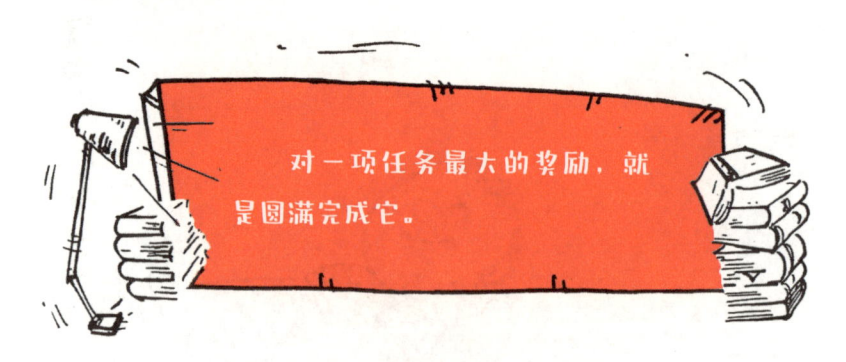

> 对一项任务最大的奖励，就是圆满完成它。

缺少明确的目标

有时候，我们在完成任务的过程中，懒散的念头会冒出来，占上风。在它的影响下，我们宁愿混日子，什么都不想做。其实，每个人都有懒散的时候，但是懒散的程度取决于我们允许"懒惰怪物"对自己产生多大的影响。我们中的某些人会受到很严重的影响，变成一个好逸恶劳的人。

实际上，之所以懒散，主要是因为我们在生活中缺乏明确的目标。没有明确的目标，就会缺乏动力，这也是我们拖延的原因。

迷失方向

第九章 告别懒散，走出"舒适区"

你们注意过那些有目标、有动力的人吗？他们有着专注的眼神，总是充满了活力。相对而言，没有目标的人缺乏动力，整个人看起来懒散迷糊。如果我们没有目标，我们就会迷失自我，像一个坏了的指南针，失去方向。并且，我们懒散时，极可能成为拖延症患者。

养成良好的习惯

懒散是一种生活状态，也是一种习惯，习惯是在长期的行为中养成的。

例如，篮球运动员迈克尔·乔丹几乎随时都在练球，练球已经成为他的生活习惯，投球技巧也已经内化为他的身体记忆。因此，他几乎可以做到闭着眼睛进球！

同理，懒散也可以成为我们的一种习惯。仔细回想一下，你过去多少次在不知不觉中就陷入了懒散的状态？

练习罚球　TAC

走出舒适区

舒适区是一个令人感觉愉快而舒服的地方,但在那里待太久会让我们成为井底之蛙。

可以这样说,想要做好任何一件事情,都必须离开舒适区。可是,人们往往不愿走出舒适区,因为离开舒适区需要付出很大的努力,让人感觉痛苦。正是这种痛苦以及走出来后需要面对的各种不确定因素导致人们拖延。

"井底之蛙"对世界的认知非常狭隘,他们缺乏井外生活的历练,也不知道在现实世界中会发生什么,有什么在等着自己。

舒适区

第九章 告别懒散，走出"舒适区"

适当奖励自己

为了改掉懒散的毛病，我们在做某件事情时可以想想完成它后能获得的奖励。奖励有时可以产生强大的动力，让我们精神饱满地去继续完成任务。

我们不必设定一个过于奢华的奖品，青少年零花钱有限，这样的奖励设置会给自己带来很大的压力。我们可以从小小的奖励开始，让它与待完成任务的难度相当，不要因为完成了一个简单的任务而奖励自己一个丰厚的奖品。

冰激凌

我们同样需要在这个过程中锻炼自控能力，太随意地奖励就让这样的激励失去意义了。

这里有一些值得参考的奖励措施：

奖励方式
1. 看一场电影；
2. 听最喜欢的歌；
3. 与朋友一起游玩，放松一下；
4. 玩你最喜欢的游戏；
5. 花点时间逗逗你的狗或其他宠物；
6. 吃你最喜欢的零食；
7. 满足自己的一种爱好；
8. 购物。

知名作家杰弗里·吉特默——畅销书《销售圣经》和《职场小金书》的作者——讲过这么一个故事：他早年做市场销售时，每次去推销商品，他都会先去一家百货商店给自己买个小东西作为奖品。他用这种方式来激励自己，让自己更有动力，因此几乎每次推销都能成功。

我有一个叫伊莱恩的学生，她做每一件事情都积极主动，充满激情。我问她动力的来源是什么，她告诉我，每

第九章 告别懒散，走出"舒适区"

次取得了好成绩，她都会奖励自己。这种奖励可以很简单，比如一个冰激凌或一杯好喝的饮料。这就是她成功的秘诀！

结论

走出舒适区、适当奖励自己是治愈懒散的良方之一。我们应该在完成每一项任务后都适当地奖励自己，以此作为激励自己不断前进的动力！

激励自己

第十章

拒绝等待，准备好就行动

还没有复习好，不想参加考试；

还没有准备足够多的资料，不想参加比赛；

还没有等到成熟的时机，没法完成现在这项任务……

以上是大多数学生拖延时常用的"还没有"借口。你是否也用过这样的借口？答案如果是肯定的，那你就应该积极行动起来，找到摆脱拖延的方法。为此，本章中提出了"就是现在"的解决方案，帮助学生调整好思想状态，立即行动起来。接下来，就让我们一起进入本章去看一看吧！

> 拖延者是指那些不会用"就是现在"来回答问题的人。

"还没有"的负能量

"还没有……，我还没准备好……"

"还没有……，时机还不成熟……"

之所以说上面这些话，常常是因为我们没做好准备。

没准备好

第十章 拒绝等待，准备好就行动

缺乏准备

你知道卡尔·刘易斯和莫里斯·格林等短跑运动员为了取得今天的成就，付出了什么吗？是长年累月坚持训练。你是否知道，他们在比赛开始前，需要做一小时甚至更长时间的伸展运动来热身，以便让自己的身体能够调整到最佳状态去完成那不到 10 秒钟的比赛？

准备工作是帮助我们完成那些不确定或令人畏缩的事情的关键。如果没复习好，我们就会想找理由不参加考试；如果没做好赛前准备，我们就会感到忐忑不安，总想找借口逃避比赛。

准备去上学

有时候，因为要做的事情太多，青少年没法把一切都准备得很妥当，这也是他们拖延的原因。

有些人被"还没有"困住，原因可能包括以下这些：

· 他们是完美主义者。（见第一章）

· 他们经常失败，还没有准备好面对更多的失败。（见第二章）

· 他们被学习压得喘不过气来。（见第三章）

· 他们学习的环境太嘈杂了。（见第四章）

· 他们有叛逆心理，想要反抗权威。（见第五章）

· 他们有恐惧等消极情绪。（见第六章）

· 他们没办法独立完成任务。（见第七章）

· 他们身心疲惫，缺乏充足的休息。（见第八章）

· 他们习惯懒散，不愿从舒适区走出来。（见第九章）

· 他们没有能力完成这项任务。（见第十一章）

· 他们被电视节目分散了注意力。（见第十二章）

· 他们为自己不想行动找借口。（见第十三章）

所以你瞧，对许多人来说，"还没有"具有极强的负能量，我们需要认真对待它。

要解决拖延问题，我们必须用"就是现在"的力量来推动我们去完成任务。

第十章 拒绝等待，准备好就行动

多用"就是现在"句式

我们可以用语言来鼓励自己。不要说"我期望/希望/将会/应该/想要完成任务"，而要说"我必须完成任务：就是现在！"

用"必须"代替其他词语，让我们明确这样做的必要性。在句末添加"就是现在！"能迫使我们立即采取行动。通过反复实践，我们就可以调整好思想状态，一旦想到这些词，就能催促自己立即行动起来。

就是现在！

万事开头难，一旦起步，剩下的路就更容易走了。而且，只要养成这种习惯，在以后的学习或者工作中，我们就会一鼓作气地做完任务，然后再休息。

结论

请运用"就是现在"的正能量来完成任务，而不是以"还没有……"作为拖延的借口。

立即行动！

第十一章

改变态度，高效完成任务

　　自卑的学生常常觉得无论自己多么努力，都没法很好地完成任务；
　　过于自信的学生则觉得任务对自己而言太容易，不用急着处理。

　　你是其中的一种人吗？但愿不是。因为这两种学生都会导致任务拖延。究其原因，就在于这两种态度虽不同，但结果同样是不好的。学生只有培养起积极良好的态度，才能摆脱拖延，提高学习效率。那么，有什么方法能帮助学生做到这一点呢？一起去看看在本章中作者都给出了哪些实用的建议吧！

> 缺乏正确态度的天赋毫无价值。

天赋不高

当朋友取得优异的考试成绩时，大家会怎么想呢？一些人可能将之视为自己学习的动力，即便不能超过朋友，也想和他一样好，而大多数人会觉得，我们天生就不如自己的朋友。

明白了吧，有些人拖延是因为觉得自己天赋不高，不

我天赋不高

第十一章 改变态度，高效完成任务

能很好地完成任务；有些人则担心自己做不好，对自己的能力产生怀疑，继而导致拖延。

自卑感作祟

自卑其实是一种心态，它会时时处处出现，提醒你自己不够好。它会对一个人的自尊自信造成很大的伤害，这也是造成人们拖延的一个主要因素。

自卑的人老是觉得自己不够好，并以此作为拖延的理由。他们认为，无论自己多么努力，都无法实现自己既定的目标。那么他们会怎么做呢？拖延时间！

你是他们中的一员吗？

我觉得我很差劲

过于自信

相反，有些人有较高的天赋，完成任务不在话下。但是，正是由于这个原因，他们有时会过于自信，认为自己无须用很多时间来完成任务。

你是否曾因觉得任务太容易完成而拖延，直到截止日期快到时，你才发现自己根本没有足够的时间完成它？

拖延的问题还在于，一旦拖得太久，我们就会把事情完全忘掉！

过于自信

如何培养正确的态度？

态度就是我们为人处世、待人接物的体现。积极、良好的态度是巩固人际关系、获得成功必不可少的因素。

第十一章 改变态度，高效完成任务

积极、良好的态度能促使我们停止拖延，行动起来。

别担心自己没有能力把事情做好，人们希望看到并且欣赏的是你正在付出努力。只要看到你在努力，在你遇到困难时，他们甚至会对你伸出援助之手。

有了正确的态度，我们就能更好地运用自己的能力；有了正确的态度，我们就能从容面对失败，把它当作学习知识、积累经验的过程。

另一方面，消极的情绪和恶劣的态度会让拖延变得更严重。在它们的影响下，我们会变得悲观或更加消极。

毫无疑问，如果我们拥有较高的天赋，执行起任务来可能轻而易举。但是很多时候，拥有好的态度比天赋更重要。如果没有正确的态度，我们可能就没法好好利用我们的天赋，或是滥用我们的天赋。另外，我们可能

学习的过程

还会变得过于自信、傲慢，不受欢迎。

谁愿意成为那样的人呢？

积极面对生活

如果有人在生活中总是消极以待，你觉得他能做成什么事？他只会牢骚满腹，不停抱怨生活对他不公平。

要想拥有积极的态度，最有效的方法是让自己看到生活光明的一面。这样做能促使我们把注意力和精力放在已拥有的事物上。做到这一点以后，我们就会更明确、更努力地去争取我们没有的东西。即使没能成功，我们也可以从中积累经验。

因此，在将来的学习生活中，我们应更多地关注事物积极的一面，吸取其中的正能量。只有这样，我们才不会陷入拖延的陷阱中。

认真对待每一件小事

那么，过于自信该怎么办呢？在第五章中提到过的策略是非常有用的，我们需要给予每件事情足够的重视。如果我们以"顾及后果"为前提来思考问题，我们就能洞察到过于自信、对事情不够重视会出什么问题。

第十一章 改变态度，高效完成任务

如果我们过于自信，不到万不得已不开始行动，会发生什么状况？在临时抱佛脚的状态下，大多数人是不可能把事情做好的。遗憾的是，以我们的能力，本可以把它做好，而不是把它弄得一团糟，这种搞砸的感觉可不太好，对吧？

我想你一定听过龟兔赛跑的故事吧？故事中的兔子以为自己赢定了，结果却输了。一开始，兔子跑得很快，把

一直往前！

乌龟远远地甩在了后面。很快，自信、自满的兔子发现了一个可以休息的地方，就躺在那儿睡着了。结果呢？一直坚持往前跑的乌龟赢得了比赛。

我们能从这个故事中学到什么呢？

兔子虽然有天赋，但比赛态度不端正，过于自信。相反，乌龟虽然没有跑步的天赋，却保持着最积极的态度。所以说，只有天赋而没有正确的态度，很可能没办法取得你想要的成果。

结论

正确的态度是引导我们摆脱拖延、取得成功的重要因素。没有正确的态度，即便有天赋我们也很可能一事无成。相反，只要态度正确，努力下去，总有一天你会迎来光明的前程。

第十一章 改变态度，高效完成任务

正确的态度！

第十二章

管理时间，提高自控能力

小测试：你是电视迷吗？

1. 你回家的第一件事是打开电视机吗？
2. 你是否经常一边看电视节目一边吃饭？
3. 计算一下，如果时间允许的话，你每天看电视的总时长是否超过八小时？

如果三个问题你的答案都是肯定的，那非常不妙，你已经患上了"电视上瘾症"！可以说这对你毫无益处，不仅会导致拖延，还会增加近视的风险。那么，如何做才能让自己戒瘾呢？作者在本章中为我们介绍了一种既可以满足看电视的意愿，又不会过度沉迷其中的有用方法——"时间减法"。想知道如何做"时间减法"吗？一起进入本章，看看作者是怎么介绍的吧！

> 在世界上那些最容易的事情中,拖延时间最不费力气。

不能错过的电视节目

有的人离开了电视就不能活。电视里似乎有一块神奇的磁铁,能长时间地把他们吸引住。他们很多时候就像在电视机前生了根似的,一坐就是好几个小时,多少需要做的事情因此被搁置了!在这个问题上我感到十分愧疚:我过去常常在电视机前一坐就是好几个小时,从而忽略了其他的一切。

我们常说看完某个节目就去做该做的事情。实际呢?电视里有太多精彩、有吸引力的节目,让我们

精彩的电视节目

第十二章 管理时间，提高自控能力

太容易从枯燥的学习中分心了。我们想要看完所有的节目，这样第二天我们就可以在学校里和同学们一起高谈阔论了。

小测试

请来做一做这个简短的测试：你是电视迷吗？

1. 你回家的第一件事是打开电视吗？
2. 你是否会在电视机前用餐？
3. 你每天看电视的时间超过八个小时吗？

如果你的答案都是"是"，那么恭喜你，你是一个彻头彻尾、如假包换的电视迷！不过，你大可不必为此感到骄傲，沉迷于电视对你来说根本没有好处。除了导致拖延，还会提高患上近视的概率。同时，你也会因为沉迷

电视迷

电视和我不分离

于电视而忽略身边的人。

以电视为生活中心

作为一个已经被治愈了的前电视迷,我知道有些人的生活是以电视为中心的。他们一踏入家门就会打开电视;在电视机前就餐;洗浴时也开着电视机,并调高音量以便能听到电视;有的人还看着电视入眠,就差枕着电视机睡觉了!

沉迷于电视会分散我们对其他事物的注意力,这也是

第十二章 管理时间，提高自控能力

拖延的原因之一。

我记得有一个叫特里的学生，他告诉我，他的整个时间表都围绕着电视节目来安排。他知道各频道在各时段都播放什么节目，他做作业的时间安排取决于某个电视节目的播放时间！

对此，我还能说什么呢？！

对电子设备的迷恋

除了电视，有些人离开了手机、电脑等电子设备也无法生存。事实上，一些青少年也喜欢在电脑上收看电视节目。如今，自媒体在青少年中也越来越受欢迎。还有，刷视频、聊微信也是青少年喜欢的消遣方式之一。

如果离开了这些电子设备，他们会感到失落迷茫。当忘记带手

电子设备

机去学校或和朋友聚会时，很多人会感到失落和无助。如果不能每晚都在社交平台上和朋友聊天，你会感到痛苦吗？离开 iPad，你能集中注意力写作业吗？

看来我们确实离不开这些电子产品。我们是如此迷恋它们，以至于常常忽略了我们真正应该去关注的事情，这也是我们拖延的原因之一。

做"时间减法"

那么，我们应该如何治疗这种"电视上瘾症"呢？最好的方法是直接关掉电视，专注地完成我们的任务。当然，

戒瘾

第十二章 管理时间，提高自控能力

我知道这很难办到。有个更实际的解决办法是减少看电视的时间，这就是我所说的"时间减法"。你也可以试试用此方法去治疗自己的各种电子设备上瘾症。

我来给你们分享一下如何实施这个方法。下面就是做"时间减法"的一个示例：

日 期	时 长	节 目
周 一	例如：4 小时	例如： 真人秀节目 (1 小时) 古装剧 (1 小时) 肥皂剧 (1 小时) 喜剧 (1 小时)
周 二		
周 三		
周 四		
周 五		
周 六		
周 日		

写下你每天看电视的时长以及节目的类型。如果第一周是 4 小时,那下周就减少一点——节目四选三。如果你能连续几周都做到这一点,看电视的时间就能明显减少。

相同的策略也可以应用于其他电子设备戒瘾,比如,限制自己玩游戏或与朋友聊天的时长。

电视和其他电子产品可以让我们娱乐放松,但是它们也可能让人上瘾,分散我们的注意力,从而导致拖延。

让我们学会恰当地安排生活和学习吧!记住,凡事适度才是最好的。

减少时间

第十二章 管理时间，提高自控能力

结论

电视以及其他电子设备可以给我们带来巨大的乐趣，但不要让它们控制你。只有提高自控能力，限制花在它们上面的时间，我们才能安排好自己的生活。

"时间减法"

第十三章

不再逃避，敢于承担责任

面对拖延，人们一般是承认错误，还是找借口搪塞？很遗憾，大多数学生都会选择第二种。假如没能按时完成家庭作业，他们就会找来各种借口：

早上急着出门，忘带了；
昨晚生病，没办法完成作业；
我家养的狗把我的作业本撕坏了……

其实，找借口就是逃避责任的表现，百害而无一利。只有找对方法，摆脱借口，才能治好拖延症。为此，本章中给出了具体的建议、提供了方便实用的小工具来帮助大家更快更好地完成任务。赶紧进入本章，行动起来吧！

> "总有一天"不是一周中的某一天。

借口太多

人们会拖延是因为有很多借口,我们总是能为自己缺少行动力找到借口:

"我的狗撕了我的家庭作业。"

"我忘了。"

诸多借口

TAC

第十三章 不再逃避，敢于承担责任

"我太累了。"

"我不舒服。"

"有太多的事情要做。"

借口很容易找到，可借口永远只是借口，仅此而已。

逃避责任

找借口是逃避责任的最简便的方法，嚷嚷着"不是我！不是我！"就能让我们逃避因未完成任务而应承担的责任，把过错归咎于其他人或事。到最后（大多数时候），甚至我们自己都会相信事情没能按时完成或没按照标准完成不是自己的过错。

不是我！

终极借口

"我现在做不到,有压力我才能做到最好。"

这种说法我们听过多少次了?什么时候才是我们在压力下工作的最佳时机?那些以此为借口的人又一次逃避了他们应该承担的责任。他们声称可以激励自己做得更好的压力,其实恰恰是导致他们拖延的原因。

压 力

摆脱借口的方法

自我肯定

要摆脱借口,我们就一定不能让它们占据我们的大脑。

第十三章 不再逃避，敢于承担责任

借 口

一个有效的方法就是自我肯定，这是我在第六章中介绍过的克服恐惧的策略。

当你已经想到或快要想到一个不做事情的借口时，赶快把它从你的脑海中清除掉，并对自己说："不要再找借口了，我必须现在就行动！"事实上，如果我们一直以这种心态去行动，我们就不会再找借口拖延。一旦开始行动了，我们就能坚持下去并完成任务。

所以，让自己振作起来，不要寻找借口；停止拖沓向前，让你的步伐充满活力；深吸一口气，兴奋起来，做好一切准备出发吧！

抛开终极借口

让我们问自己这样一个问题："在压力之下，我们真的能表现得更好吗？"

也许对于我们中的一些人来说是可以的，因为承受压力时，他们会因肾上腺素飙升而兴奋起来，所以能表现得更好。但是对更多人来说，压力会令他们紧张和焦虑，他们甚至可能在压力下呆若木鸡。

那么，我们该如何抛开这个终极借口呢？首先，我们必须认识到，使用这个借口的原因可能是缺乏时间观念。

呆若木鸡

第十三章 不再逃避，敢于承担责任

我们必须清楚完成这项任务需要的时间及截止日期，并以倒计时的方式去推进。只有这样，我们才能在离截止日期越来越近的时候，强迫自己按时完成任务。

倒计时日历

我觉得非常有用的一种方法就是制作倒计时日历。它的做法是：从接受任务的日期开始倒计时，然后按照事情的进展时间或截止时间制订工作计划。治疗拖延症的专家丽塔·埃米特称这个方法为"反向计时"。

举个例子，如果我们在本月16日有一项任务，截止日期是26日，我们就可以设计一个倒计时日历，让自己清楚

打死"拖延害虫"

地看到在最后期限到来之前还剩余多少时间。方法很简单，从任务完成的最后期限开始，往前按升序写下天数，这就制作出一个反向计时器了！我们接下来要做的就是为该项任务分解出各个小任务，设置最后期限。例如，我们可以花两天时间进行研究，然后用接下来的一到两天时间制订草案等。

下面是一个倒计时日历的示例：

周一	周二	周三	周四	周五	周六	周日
1	2	3	4	5	6	7
8	9	10	11	12	13	14
15	16 接受任务	17	18	19	20	21
	10	9	8	7	6	5
22	23	24	25	26 完成任务	27	28
4	3	2	1	0		
29	30	31				

第十三章 不再逃避，敢于承担责任

倒计时日历制作简单却有效，我们可以用这个方法将一项大任务分解成更易管理的小任务来完成。这样做，我们能更好地兼顾整体和局部。采用这个方法，有助于我们摆脱拖延症的困扰！

对自己的行为负责

对自己的行为负责是一种有益的心态，能让我们认识到自己的行为可能带来的后果。

借口有很多，它能让我们推迟完成任务的时间，但转念一想，到了最后期限，我们仍然得完成任务，否则将承担后果！所以，请三思而后行。

完成任务，摆脱束缚

既然必须完成任务（无论喜欢与否），为什么我们不停止找借口，直接完成它呢？这样的话，我们就能真正摆脱任务的束缚，让自己身心愉悦起来！

结论

借口无处不在，很容易找到，但这并不意味着我们应该用它们作为拖延的理由。把它们扔到窗外，去做我们应该做的事情吧！

扔掉借口

后记

恭喜你读完了这本书！通过阅读前面十三章的内容，我希望你对拖延症已经有了清晰的认识和深刻的理解，我也希望当你遇到拖延问题时，这里所分享的各种策略都能派上用场。

综上所述，这里有十三个有效的策略及理念能用以治疗拖延症：

1. 完成任务时，要有实事求是的态度。
2. 重塑你的心态，拥有积极、正面的思维方式。
3. 要一次一事、逐项完成任务。
4. 清理好你的书桌，将注意力全部集中在该做的事上。
5. 尊重身边所有人，也尊重自己。
6. 敢于面对恐惧并战胜它们。
7. 协同增效——与身边的人齐心协力，共同完成任务。
8. 疲倦的时候，停下来休息一下；充分休息后，立刻告诉身边人，然后行动起来。

9. 用奖励来激励自己。

10. 培养"就是现在"的好习惯。

11. 用积极的态度来看待问题。

12. 减少花在电视和其他电子设备上的时间。

13. 不找借口。

如果每天都能实施其中的一些克服拖延的策略，你很快就能养成不拖延的好习惯。一旦你的头脑中有了"不拖延"、高效管理时间这种根深蒂固的意识，你就能出色地完成任务，并把拖延症彻底治好！

现在，我要祝贺你，因为你已经迈出了深入了解并克服拖延症的第一步。

祝一切顺利，万事如意！

参考书目

Albom, Mitch. 2006. *For One More Day.* Hyperion: United States of America.

Alston, John & Thaxton, Lloyd. 2003. *Stuff Happens (and then you fix it!).* John Wiley & Sons, Inc: New Jersey.

Chandler, Steve. 2001. *100 Ways to Motivate Yourself Revised Edition.* Advantage Quest Publication: Malaysia.

Covey, Stephen R. 1989. *The 7 Habits of Highly Effective People.* Fireside: United States of America.

Davidson, Jeff. 2004. *The 60 Second Procrastinator.* Adams Media: Canada.

Emmett, Rita. 2001. *The Procrastinator's Handbook: Mastering the Art of Doing It Now.* Fusion Press: United Kingdom.

Fiore, Neil A . 2007. *The Now Habit. Jeremy P.* Tarcher/Penguin: United States of America.

Gitomer, Jeffrey. 2006. *Little Gold Book of YES! Attitude: How to Find, Build and Keep a YES! Attitude for a Lifetime of SUCCESS.* FT Press: United States of America.

Ingham, Christine. 2000. *101 Ways to Motivate Yourself.* Kogan Page Limited: London.

Khoo, Adam & Tan, Stuart. 2004. *Master Your Mind, Design Your Destiny.* Adam Khoo Learning Technologies: Singapore.

Kim, Victor & Robert, Gerry. 2004. *Shoot For the Moon – Without Procrastination.* Awesome Books Publishing Sdn Bhd: Malaysia.

Matthews, Andrew. 2001. *Being A Happy Teenager.* Seashell Publishers: Australia.

Niven, David. 2000. *The 100 Simple Secrets of Happy People.* Harper Collins Publisher, Inc; New York.

Peterson, Karen E. 1996. *The Tomorrow Trap: Unlocking the Secrets of the Procrastination-Protection Syndrome.* Health Communications, Inc: United States of America.

Sapadin, Linda. 1996. *It's About Time: The Six Styles of Procrastination and How to Overcome Them.* Penguin Books; United States of America.

Tracy, Brian. 2007. *Eat That Frog! 21 Great Ways to Stop Procrastinating and Get More Done in Less Time.* Berrett-Koehler Publishers, Inc: United States of America.

索 引

（据英文所在页码排序，出现过的单词或短语不再重复列出）

页码	英文	释义
007	GREAT EXPECTATIONS	过高的期望
009	RESEARCH	研究
013	MY VASE!	我的花瓶！
018	ME!	我！
	NO WILL POWER	没有意志力
021	FAILURE	失败
	NO-HOPER	无获胜希望的人
022	FATE	命运
029	NEGATIVE+NEGATIVE =POSITIVE	消极+消极=积极
033	HISTORY	历史
	ART	艺术
	TEST	测试
	READING	阅读
	EXAM	考试
	TRAINING	锻炼
	PHYSICS	物理
	Meetings	会议
	MATH	数学
035	COFFEE	咖啡
	SLEEP	睡觉
036	TASK	任务
039	OVERCOME	克服，战胜
042	TOYS	玩具
048	CLEAR UP!	清理！
056	RESPECT	尊重
064	MAIL BOX	信箱

133

页码	英文	释义
065	FEAR	恐惧
	Hi!	你好！
068	APPREHENSION	担心
073	HELP!!	帮帮我！！
083	ACTION	行动
	I PROMISE...	我承诺……
088	COMFORT	舒适，自在
094	NOT YET!	还没有！
097	NOW	现在
102	HOMEWORK	家庭作业
103	SUCCESS	成功
	FAILURE	失败
107	A$^+$ attitude!	态度很好！
116	OFF	关掉
121	NOT ME	不是我
122	PRESSURE	压力
123	EXCUSE	借口
125	PROCRASTINATION	拖延

致　谢

我要感谢以下各位，是你们给我的生活带来重要的影响，帮助我克服在创作本书的过程中遇到的困难。排名不分先后：

我亲爱的父母，感谢你们给予我无条件的爱和支持。

我至爱的妻子 Pauline（宝琳），你是我的灵感源泉和精神支柱。

我所有的老师和导师，你们给予我指导，对我的成长产生了重要的影响，塑造了今天的我。特别感谢 Ho Chee Lick（何志立）教授、Paulin Straughan（波林·斯特劳恩）教授、Kay Moulmein（凯·莫梅恩）教授和 Linda Thompson（琳达·汤普森）教授。

我在新加坡义安小学、德明政府中学、维多利亚初级学院、新加坡国立大学与南洋理工大学上学时期的朋友们和伙伴们，谢谢你们多年来分享给我的快乐和欢笑。

维多利亚初级学院的朋友们及同事们，感谢你们的帮助和陪伴，你们是一群了不起的人。

维多利亚初级学院前任及现任校长：Lee Phui Mun（李佩文）夫人、Chan Khah Gek（陈嘉庚）夫人和Chan Poh Meng（陈德孟）先生，感谢你们对我所做的事的支持和信任。

还有一群特殊的人，他们在百忙之中抽出时间来支持我的第一本书，谢谢你们的信任和指导。感谢 Adam Khoo（邱缘安）精彩的前言，谢谢 Rita Emmett（丽塔·艾米特）、Merry Riana（梅丽·雷安娜）、Khoo Siew Chiow（邱瑞昭）和 Elim Chew（周士锦）的鼓励及评语。

特别感谢 Rita Emmett（丽塔·艾米特）的许可，在这本书中引用了你的一些想法。

感谢 Johnson Lee（李思捷）提供的宝贵建议、指导，给予我的珍贵友情。

最后但并非不重要的是，感谢我的学生，你们同样对我的生活产生了巨大的影响。请继续努力，争取获得更大的成功！